AF220918

Impressum
Verlag: BABADADA GmbH, Nedderfeld 112 , 22529 Hamburg
Geschäftsführer / Verlagsleitung: Harald Hof
Druck: Books on Demand GmbH, In de Tarpen 42, 22848 Norderstedt

Imprint
Publisher: BABADADA GmbH, Nedderfeld 112 , 22529 Hamburg, Germany
Managing Director / Publishing direction: Harald Hof
Print: Books on Demand GmbH, In de Tarpen 42, 22848 Norderstedt

shule

escola

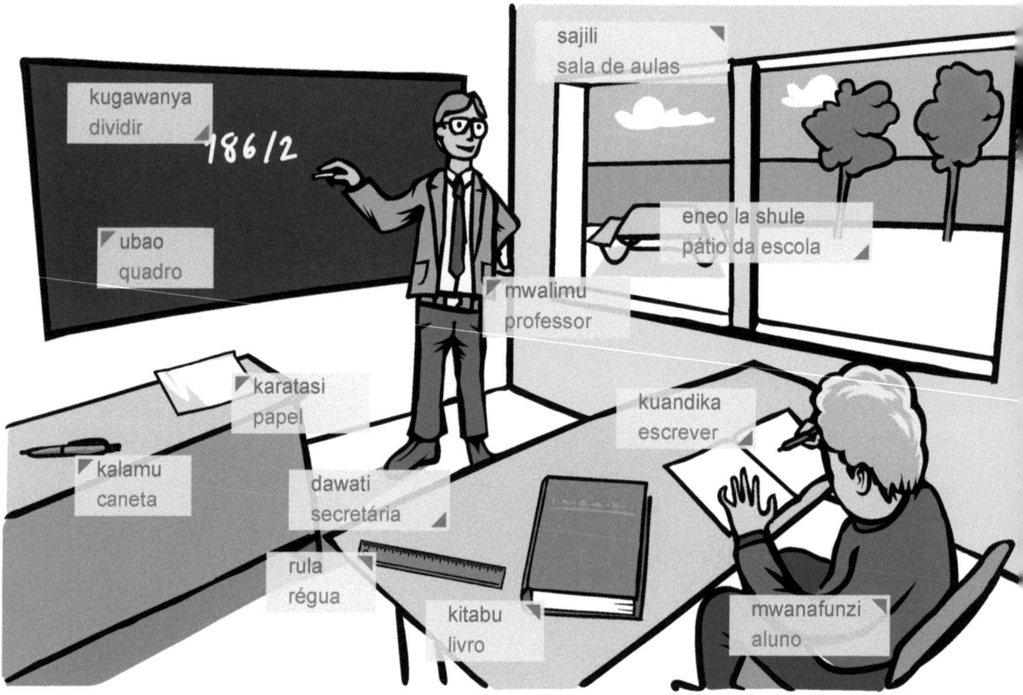

sajili
sala de aulas
kugawanya
dividir
186/2
ubao
quadro
eneo la shule
pátio da escola
mwalimu
professor
karatasi
papel
kuandika
escrever
kalamu
caneta
dawati
secretária
rula
régua
kitabu
livro
mwanafunzi
aluno

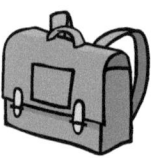

mkoba

mochila

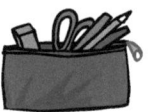

kikasha cha penseli

estojo de lápis

penseli

lápis

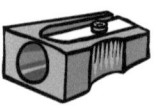

kichonga penseli

afia-lápis

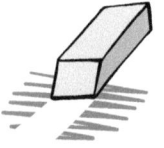

mpira

borracha

pedi ya kuchora

bloco de desenho

uchoraji

desenho

brashi ya rangi

pincel

sanduku la rangi

caixa de tintas

mkasi

tesoura

gundi

cola

daftari

livro de exercícios

kazi ya nyumbani

trabalhos de casa

nambari

número

jumlisha

somar

ondoa

subtrair

zidisha

multiplicar

kokotoa

calcular

barua

letra

alfabeti

alfabeto

neno

palavra

maandishi

texto

kusoma

ler

chaki

giz

somo

hora

sajili

registo de presenças

uchunguzi

exame

cheti

certificado

sare za shule

uniforme escolar

elimu

educação

elezo

enciclopédia

chuo kikuu

universidade

darubini

microscópio

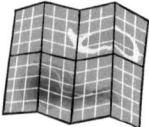

ramani

mapa

kikapu cha kuweka karatasi
chafu

cesto de lixo

hoteli
hotel

Grand

hosteli
hostel

ROOMS

ofisi ya ubadilishanaji
casa de câmbio

EXCHANGE

sanduku
mala

gari
carro

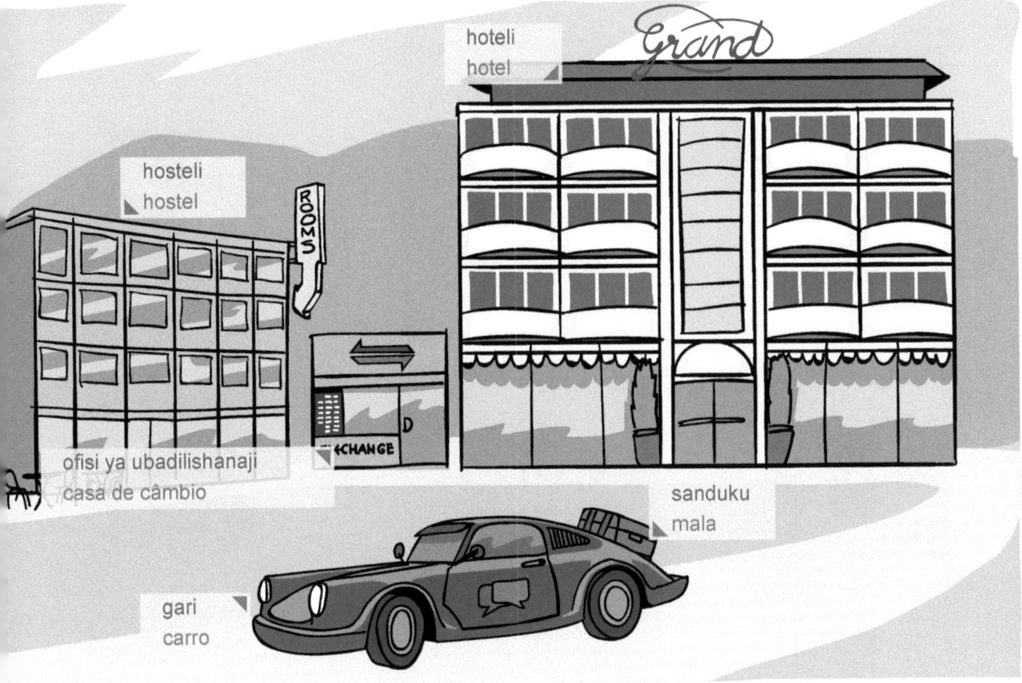

lugha

idioma

ndiyo / la

sim / não

sawa

ok / certo / correto

hujambo

olá

mtafsiri

intérprete

Asante

obrigado

kiasi gani ni ...?

quanto é que custa... ?

Sielewi

não entendo

tatizo

problema

Jioni njema!

boa noite!

Habari za asubuhi!

Bom dia!

Usiku mwema!

Boa noite!

kwa heri

adeus

mwelekeo

direção

mizigo

bagagem

mfuko

saco

shanta

mochila

mgeni

convidado

chumba

quarto

begi la kulalia

saco-cama

hema

tenda

taarifa ya utalii

informação turística

ufuo

praia

kadi

cartão de crédito

kifunguakinywa

pequeno-almoço

chakula cha mchana

almoço

chakula cha jioni

jantar

tiketi

bilhete

kuinua

elevador

muhuri

selo postal

mpaka

fronteira

mila

alfândega

ubalozi

embaixada

visa

visto

pasipoti

passaporte

usafiri
transporte

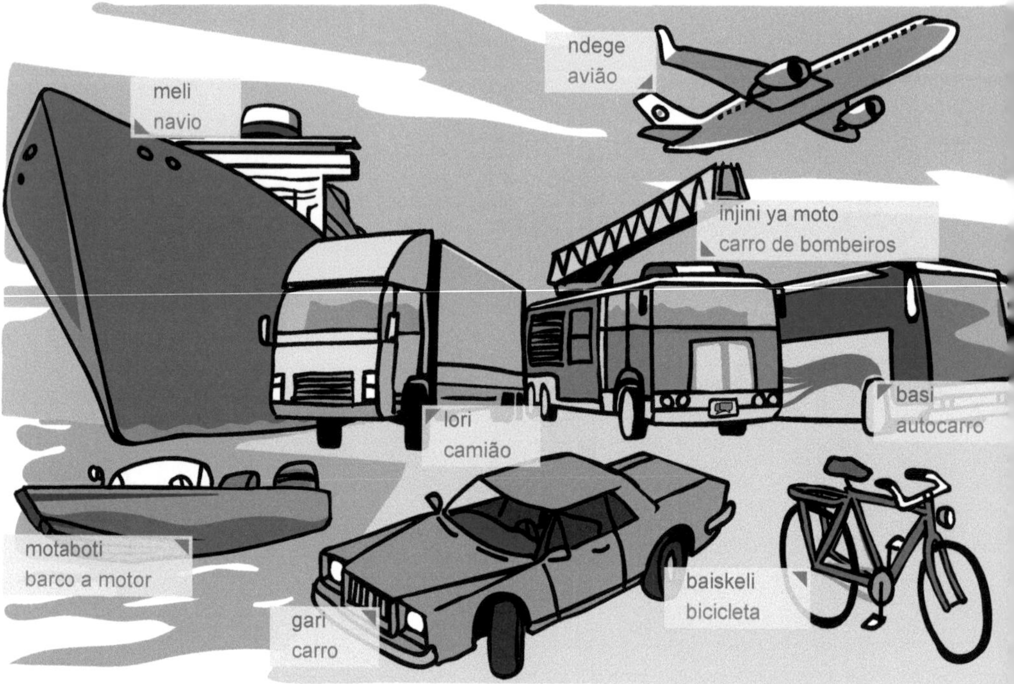
ndege
avião
meli
navio
injini ya moto
carro de bombeiros
basi
autocarro
lori
camião
motaboti
barco a motor
baiskeli
bicicleta
gari
carro

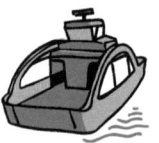

feri

cacilheiro

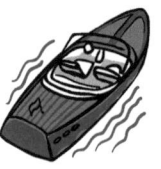

mashua

barco

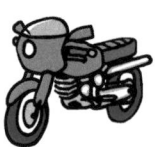

pikipiki

mota

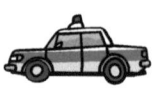

gari la polisi

carro de polícia

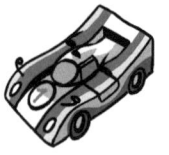

gari la mashindano

carro de corrida

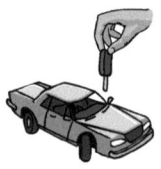

gari la kukodisha

carro alugado

kushiriki gari

carsharing

lori la kuvuta

camião de reboque

ukusanyaji taka

camião do lixo

motor

motor

mafuta

combustível

kituo cha mafuta

estação de serviço

ishara trafiki

sinal de trânsito

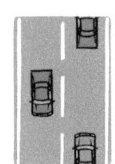

trafiki

trânsito

msongamano

congestionamento de trânsito

maegesho

parque de estacionamento

kituo cha treni

estação ferroviária

reli

carris

garimoshi

comboio

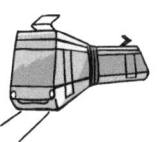

tremu

elétrico

gari la mizigo

carruagem

helikopta

helicóptero

uwanja wa ndege

aeroporto

mnara

torre

abiria

passageiro

chombo

contentor

katoni

caixa de papelão

mkokoteni

carrinho

kikapu

cesto

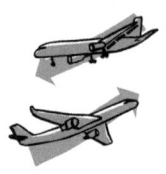

ondoka

levantar voo / aterrar

jiji
cidade

kijiji

aldeia

katikati ya jiji

centro da cidade

nyumba

casa

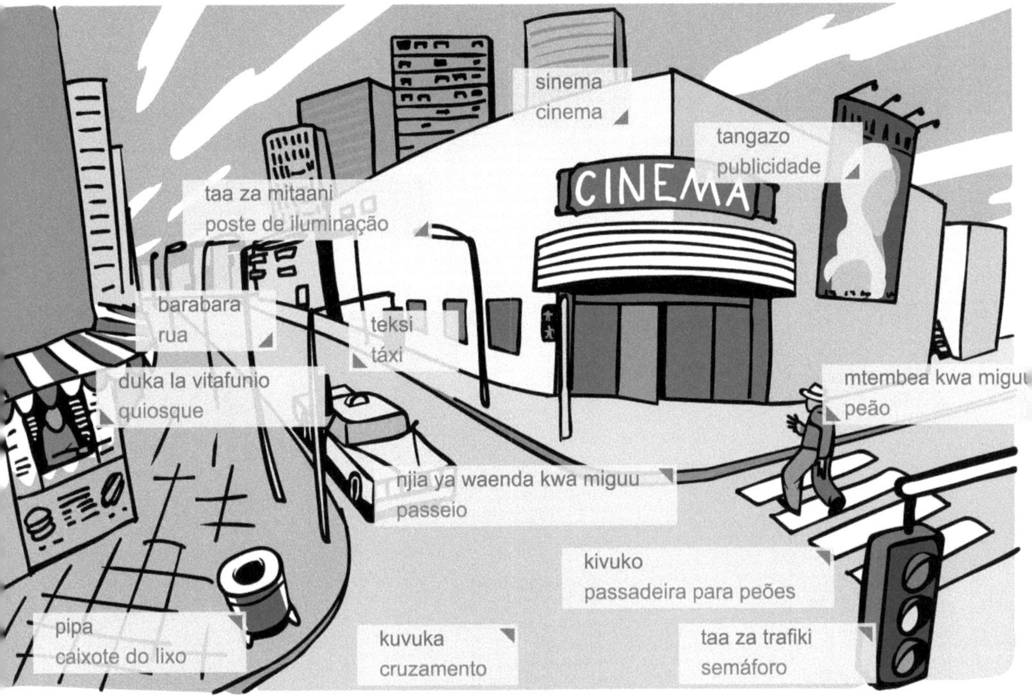

sinema
cinema

tangazo
publicidade

taa za mitaani
poste de iluminação

barabara
rua

teksi
táxi

duka la vitafunio
quiosque

mtembea kwa miguu
peão

njia ya waenda kwa miguu
passeio

kivuko
passadeira para peões

pipa
caixote do lixo

kuvuka
cruzamento

taa za trafiki
semáforo

kibanda
cabana

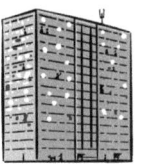

gorofa
apartamento

kituo cha treni
estação ferroviária

ukumbi wa mji
câmara municipal

Makavazi
museu

shule
escola

chuo kikuu

universidade

benki

banco

hospitali

hospital

hoteli

hotel

duka la dawa

farmácia

ofisi

escritório

duka la kitabu

livraria

duka

loja

duka la maua

florista

dukakuu

supermercado

soko

mercado

idara ya kuhifadhi

loja de departamentos

mwuza samaki

peixaria

kituo cha ununuzi

centro comercial

bandari

porto

Hifadhi

parque

benki

banco

daraja

ponte

vidato

escadas

chini ya ardhi

metro

handaki

túnel

kituo cha mabasi

paragem de autocarro

bar

bar

mgahawa

restaurante

sanduku la posta

caixa de correio

ishara ya barabara

sinal de trânsito

mita ya maegesho

parquímetro

bustani ya wanyama

jardim zoológico

kidimbwi cha kuogelea

piscina

msikiti

mesquita

shamba
quinta

uchafuzi
poluição

makaburini
cemitério

kanisa
igreja

uwanja wa michezo
parque infantil

hekalu
templo

mazingira
paisagem

jani
folha

ishara ya mwelekeo
placa de sinalização

njia
caminho

malisho
prado

jiwe
pedra

mtembeaji wa masafa
caminhantes

mti
árvore

mto
rio

nyasi
relva

ua
flor

bonde
vale

kilima
montanha

ziwa
lago

msitu
floresta

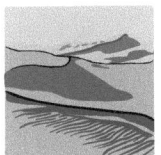

jangwa
deserto

volkano
vulcão

ngome
castelo

upinde wa mvua
arco-íris

uyoga
cogumelo

mtende
palma

mbu
mosquito

kuruka
mosca

chungu
formiga

nyuki
abelha

buibui
aranha

mende

besouro

chura

sapo

kuchakuro

esquilo

nungunungu

ouriço

sungura

lebre

bundi

coruja

ndege

pássaro

swan

cisne

nguruwe mwitu

javali

kulungu

veado

aina ya kongoni

alce

bwawa

barragem

tabo ya upepo

turbina eólica

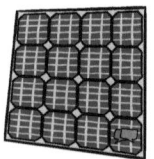

nishaji ya jua

painel solar

hali ya hewa

clima

mgahawa
restaurante

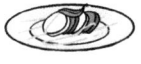

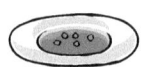

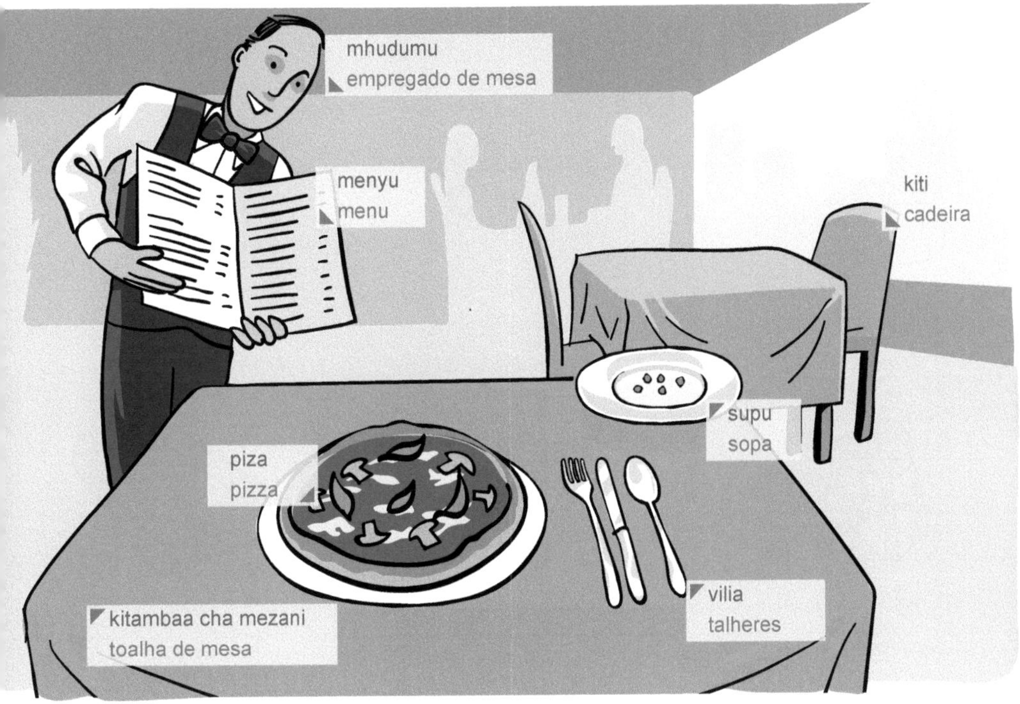

mhudumu
empregado de mesa
menyu
menu
kiti
cadeira
supu
sopa
piza
pizza
vilia
talheres
kitambaa cha mezani
toalha de mesa

kiamsha hamu

entrada

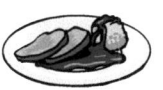

kozi kuu

prato principal

kitindamlo

sobremesa

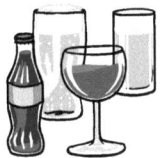

vinywaji

bebidas

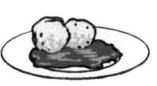

chakula

comida

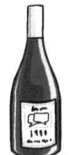

chupa

garrafa

chakula cha haraka

fast food

Streetfood

comida de rua

buli

bule de chá

kisanduku cha sukari

açucareiro

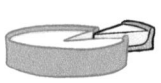

sehemu

porção

mashine ya espresso

máquina de café expresso

kiti kirefu

cadeira alta

muswada

conta

trei

bandeja

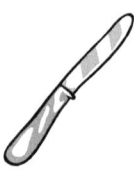

kisu

faca

uma

garfo

kijiko

colher

kijiko cha chai

colher de chá

nepi

guardanapo

glasi

copo

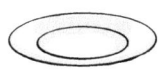

sahani

prato

sahani ya supu

prato de sopa

sufuria

pires

mchuzi

molho

kichanyaji chumvi

saleiro

kinu cha pilipili

moinho de pimenta

siki

vinagre

mafuta

óleo

viungo

especiarias

kechapu

ketchup

haradali

mostarda

kachumbari nzito

maionese

dukakuu

supermercado

ofa maalum
oferta especial
FOR
mteja
cliente
maziwa
laticínios
matunda
fruta
toroli
carrinho de compras

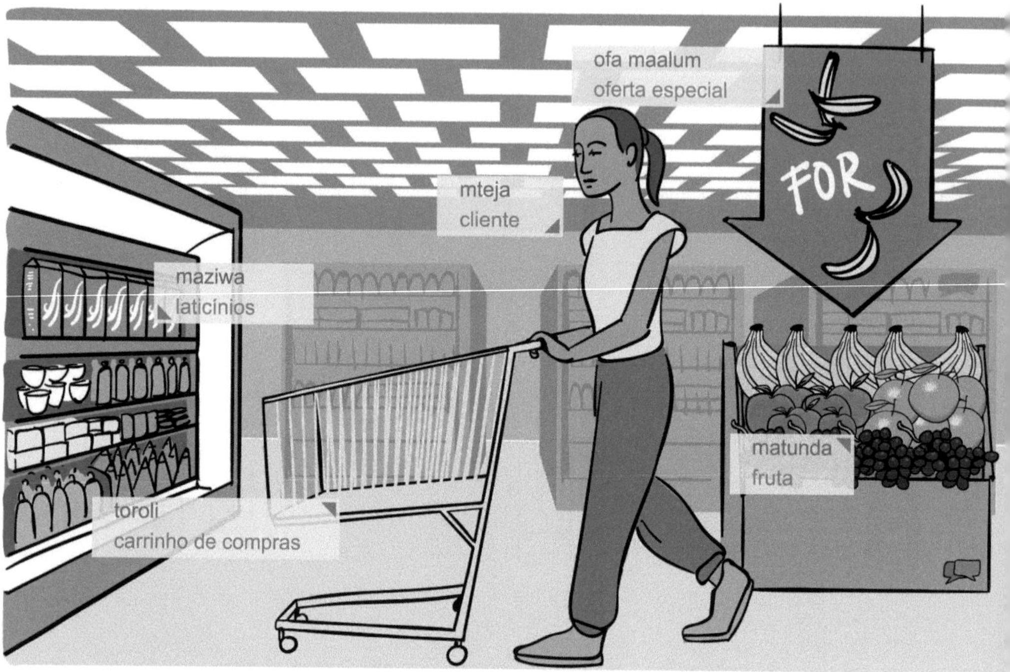

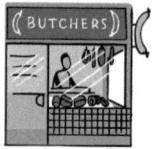

BUTCHERS

mchinjaji

talho

BAKERY

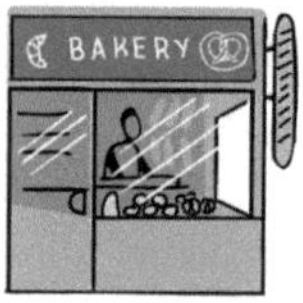

mwokaji

padaria

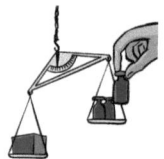

uzito

pesar

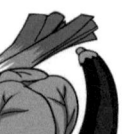

mboga

vegetais

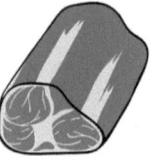

nyama

carne

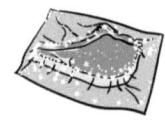

chakula waliohifadhiwa

alimentos congelados

pande vya nyama baridi
charcutaria

chakula cha kopo
comida enlatada

sabuni ya unga
detergente em pó

pipi
doces

bidhaa za kaya
artigos domésticos

bidhaa za kusafisha
produtos de limpeza

mtu mauzo
vendedora

mpaka
caixa

keshia
caixa

orodha ya manunuzi
lista de compras

masaa ya ufunguzi
horário de funcionamento

mkoba
carteira

kadi
cartão de crédito

mfuko
saco

mfuko wa plastiki
saco de plástico

maji

água

sharubati

sumo

maziwa

leite

coke

coca-cola

mvinyo

vinho

bia

cerveja

pombe

álcool

kakao

cacau

chai

chá

kahawa

café

spreso

café expresso

kapuchino

capuccino

ndizi

banana

tufaha

maçã

machungwa

laranja

tikiti

melão

lemon

limão

karoti

cenoura

kitunguu saumu

alho

mianzi

bambu

kitunguu

cebola

uyoga

cogumelo

karanga

nozes

nudo

talharim

spageti

esparguete

mpunga

arroz

saladi

salada

vibanzi

batatas fritas

viazi vya kukaanga

batatas fritas

piza

pizza

hambaga

hambúrguer

sandwichi

sanduíche

kipande

bife panado

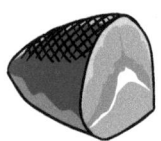

paja la mnyama

fiambre

salami

salame

soseji

salsicha

kuku

galinha

choma

assado

samaki

peixe

oats ya uji

flocos de aveia

muesli

muesli

cornflakes

flocos de milho

unga

farinha

kroisanti

croissant

andazi

carcaça (pãozinho)

mkate

pão

mkate wa kubanika

torrada

biskuti

biscoitos

siagi

manteiga

maziwa mgando

requeijão

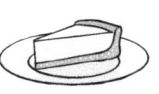

keki

bolo

yai

ovo

yai kukaanga

ovo estrelado

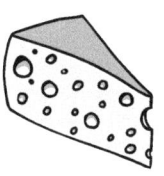

jibini

queijo

chakula - comida

aiskrimu

gelado

sukari

açúcar

asali

mel

jemu

compota

kuenea kwa chokoleti

creme de nougat

mchuzi wa viungo

caril

shamba
quinta

nyumba ya kilimo
casa de quinta
ghalani
celeiro
majani bale
fardo de palha
uwanja
campo
farasi
cavalo
trela
reboque
mtoto
potro
trekta
trator
punda
burro
kondoo
ovelha
mwanakondoo
cordeiro

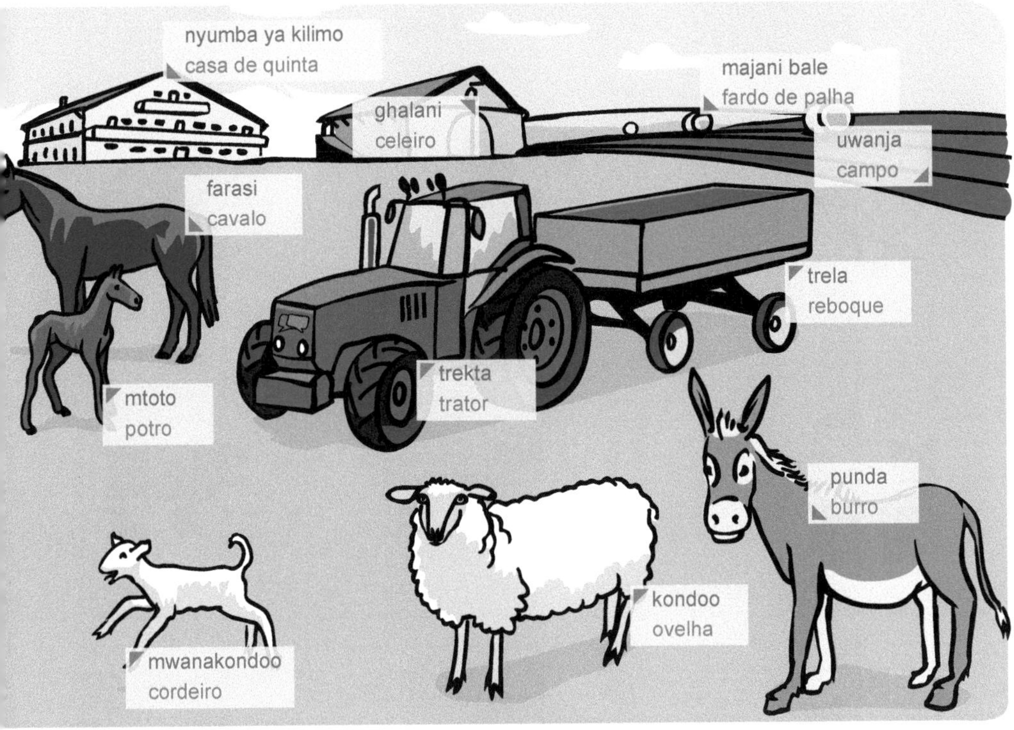

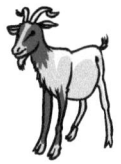

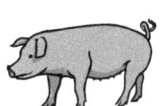

mbuzi

cabra

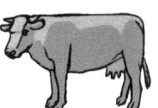

ng'ombe

vaca

ndama

bezerro

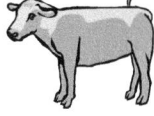

nguruwe

porco

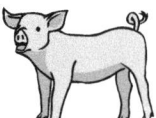

mwananguruwe

leitão

fahali

touro

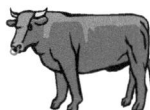

batabukini

ganso

bata

pato

kifaranga

pintaínho

kuku

galinha

jogoo

galo

panya

ratazana

paka

gato

panya

rato

ng'ombe

boi

mbwa

cão

nyumba ya mbwa

casota

bomba la bustani

mangueira de jardim

debe la kumwagilia maji

regador

fyekeo

foice

kulima

arado

mundu

foice

jembe

enxada

uma wa nyasi

forquilha

shoka

machado

toroli

carrinho de mão

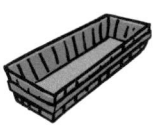

kupitia nyimbo

manjedoura

chombo cha maziwa

jarro de leite

gunia

saco

ua

cerca

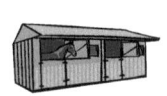

imara

estábulo

chafu

estufa

udongo

solo

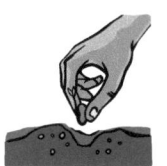

mbegu

semente

mbolea

fertilizante

kivunaji

ceifeira-debulhadora

mavuno

colher

mavuno

colheita

viazi vikuu

inhame

ngano

trigo

soya

soja

viazi

batata

mahindi

milho

rapa

colza

mti wa matunda

árvore de fruto

muhogo

mandioca

nafaka

cereais

nyumba
casa

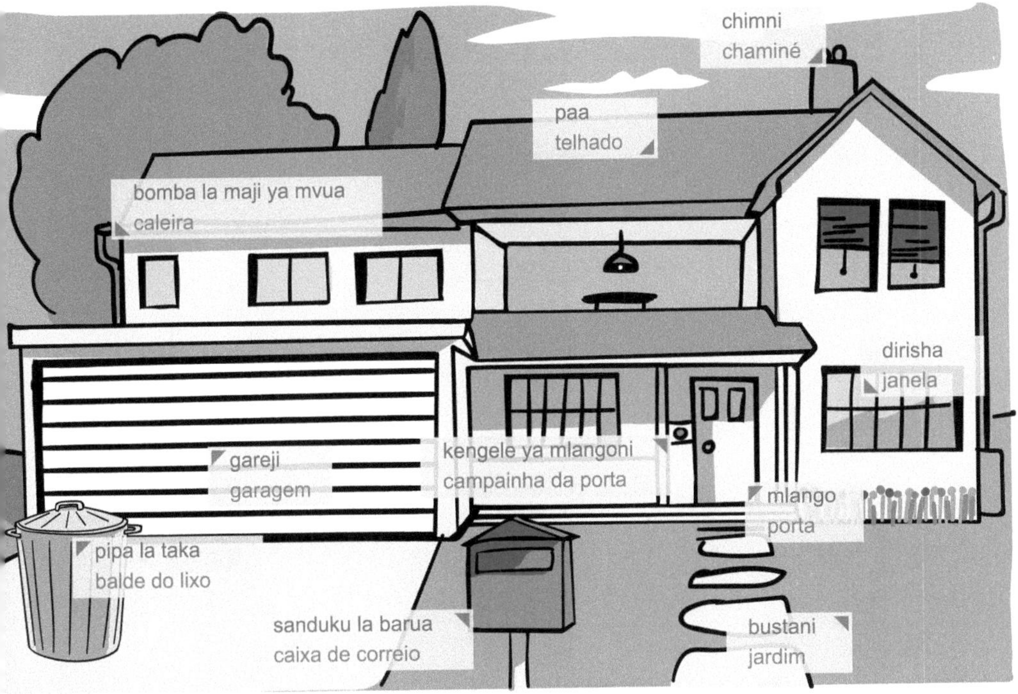

chimni
chaminé
paa
telhado
bomba la maji ya mvua
caleira
dirisha
janela
gareji
garagem
kengele ya mlangoni
campainha da porta
mlango
porta
pipa la taka
balde do lixo
sanduku la barua
caixa de correio
bustani
jardim

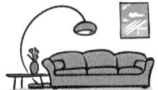

sebuleni

sala de estar

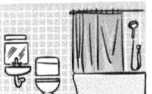

bafu

casa de banho

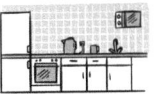

jikoni

cozinha

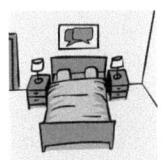

chumba cha kulala

quarto de dormir

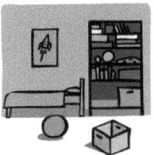

chumba ya mtoto

quarto de criança

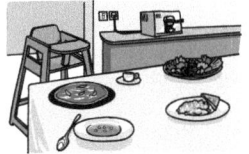

chumba cha kulia

sala de jantar

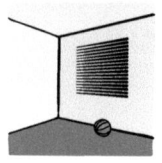

sakafu

chão

ukuta

parede

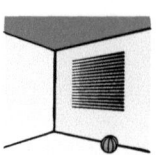

dari

teto

pishi

cave

sauna

sauna

roshani

varanda

mtaro

terraço

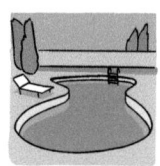

kidimbwi

piscina

mashine ya kukata nyasi

máquina de cortar relvado

karatasi

lençol

kitambaa cha kupamba
kitanda

cobertor

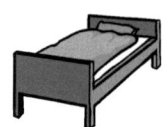

kitanda

cama

ufagio

vassoura

ndoo

balde

kubadili

interruptor

sebuleni

sala de estar

mandhari
papel de parede
picha
imagem
taa
lâmpada
rafu
prateleira
kabati
armário
televisheni/runinga
televisão
mekoni
lareira
ua
flor
mto
almofada
sofa
sofá
chombo cha maua
vaso
kitenzambali
controlo remoto

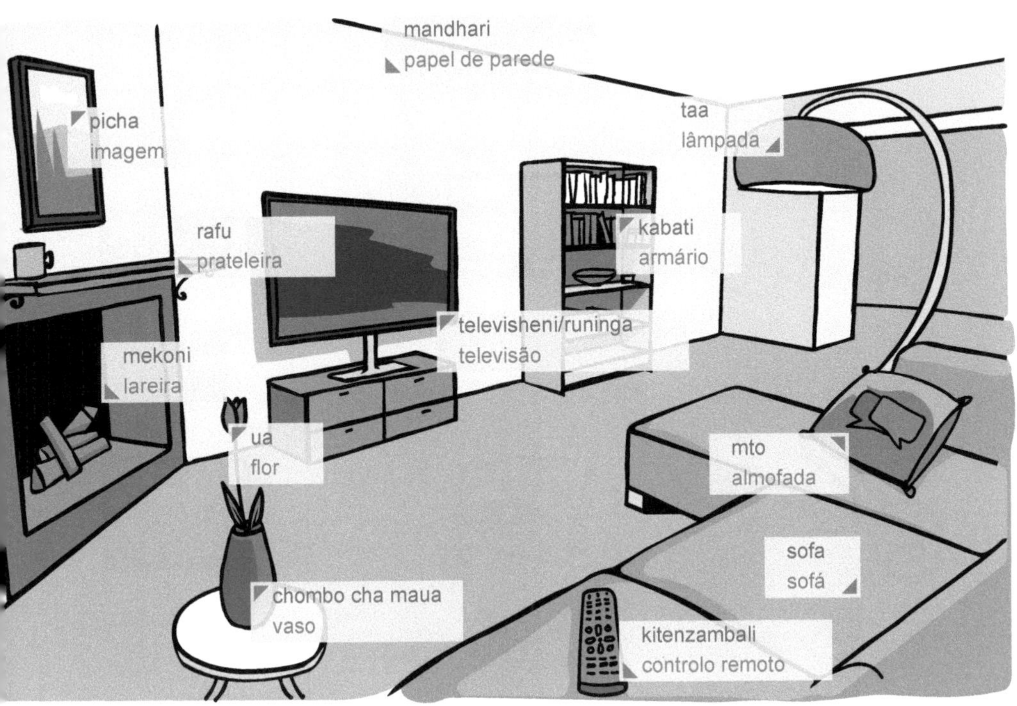

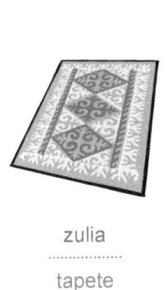

zulia

tapete

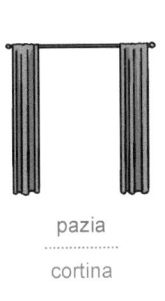

pazia

cortina

meza

mesa

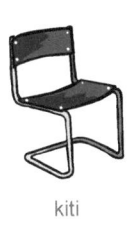

kiti

cadeira

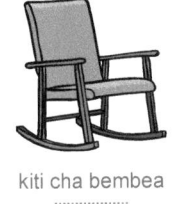

kiti cha bembea

cadeira de baloiço

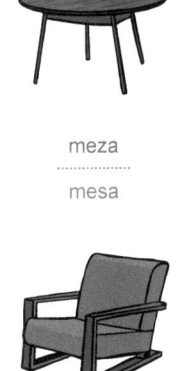

armchair

poltrona

kitabu

livro

blanketi

cobertor

mapambo

decoração

kuni

lenha

filamu

filme

kifaa cha hi-fi

sistema estéreo

ufunguo

chave

gazeti

jornal

uchoraji

pintura

bango

póster

redio

rádio

daftari

bloco de notas

kifyonza

aspirador

dungusi kakati

cato

mshumaa

vela

jikoni
cozinha

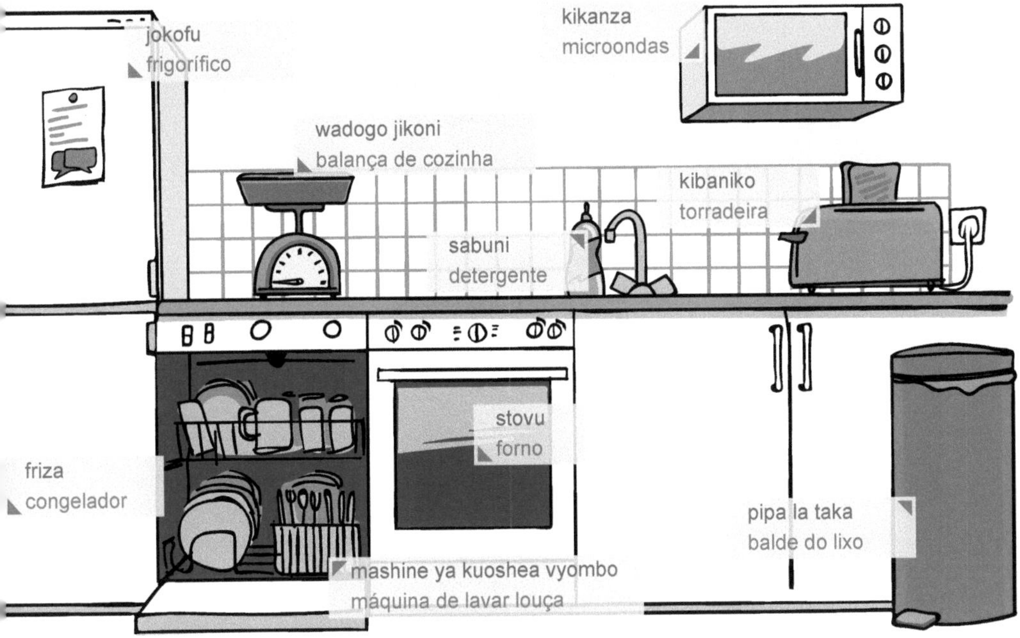

jokofu
frigorífico
kikanza
microondas
wadogo jikoni
balança de cozinha
kibaniko
torradeira
sabuni
detergente
stovu
forno
friza
congelador
pipa la taka
balde do lixo
mashine ya kuoshea vyombo
máquina de lavar louça

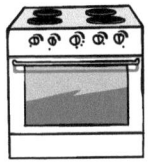

jiko la kupika

fogão

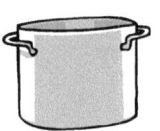

chungu

panela

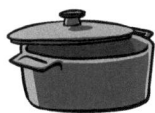

sufuria ya chuma

panela de ferro

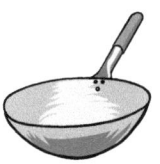

wok / kadai

wok / kadai

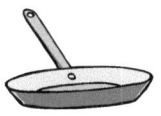

kaango

frigideira

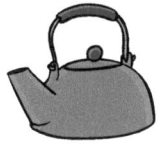

birika

chaleira

stima

panela a vapor

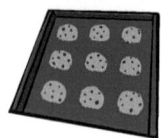

sinia ya kuoka

tabuleiro de forno

vyombo vya udongo

louça

kombe

caneca

bakuli

tigela

vijiti vya kulia

pauzinhos

ukawa

concha de sopa

mwiko mpana

espátula

burashi

batedor de claras

kichujio

escorredor

chujio

peneira

mbuzi

ralador

chokaa

almofariz

barbeque

churrasqueira

moto wazi

lareira

ubao wa majaribio

tábua de cortar

kijiti cha kusukuma unga

rolo da massa

kizibuo

saca-rolhas

kopo

lata

inaweza kopo

abridor de latas

kishikio cha chungu

luvas de forno

karo

lava-loiça

brashi

escova

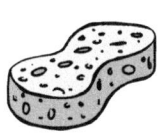

sifongo

esponja

kisagaji matunda

liquidificador

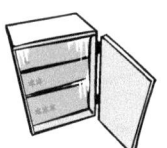

friji ya kina

arca frigorífica

chupa ya mtoto

biberão

bomba

torneira

bafu
casa de banho

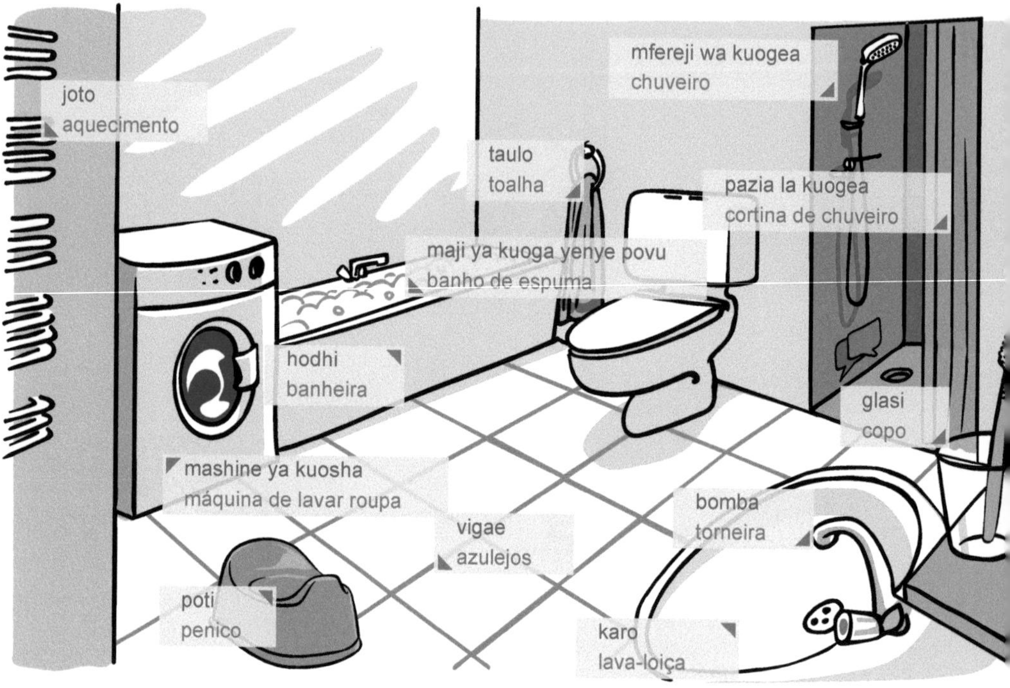

joto
aquecimento
mfereji wa kuogea
chuveiro
taulo
toalha
pazia la kuogea
cortina de chuveiro
maji ya kuoga yenye povu
banho de espuma
hodhi
banheira
glasi
copo
mashine ya kuosha
máquina de lavar roupa
bomba
torneira
vigae
azulejos
poti
penico
karo
lava-loiça

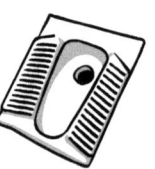

choo

sanita

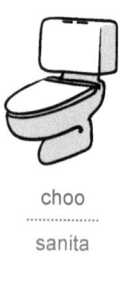

choo cha squat

retrete turca

beseni la mviringo

bidé

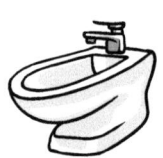

choo cha umma

urinol

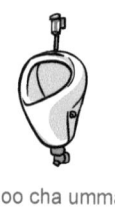

shashi

papel higiénico

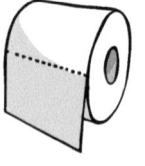

brashi ya choo

piaçaba

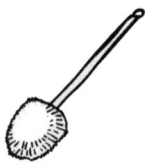

mswaki

escova de dentes

dawa ya meno

pasta de dentes

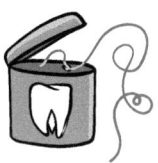

dawa ya meno

fio dentário

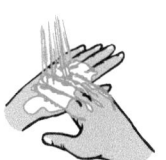

safisha

lavar

kuoga mkono

chuveiro de mão

msukumo wa maji

duche íntimo

bonde

bacia

mpako wa pili

escova para as costas

sabuni

sabonete

jeli ya kuogea

gel de banho

shampuu

champô

flana

toalha de rosto

toa maji

escoamento

krimu

creme

kiondoa harufu

desodorizante

kioo
espelho

kioo mkono
espelho de mão

kinyozi
máquina de barbear

povu la kunyoa
creme de barbear

baada ya kunyoa
loção pós-barba

kichana
pente

brashi
escova

kikausha nywele
secador de cabelo

marashi ya nyewele
spray de cabelo

vipodozi
maquilhagem

kidomwa
batom

varnish ya msumari
verniz de unhas

pamba
algodão

mkasi wa kucha
tesoura para unhas

manukato
perfume

mkoba wa kuosha

nécessaire

kinyesi

tamborete

mizani

balança

nguo ya kuoga

roupão de banho

glavu za mpira

luvas de borracha

kisodo

tampão

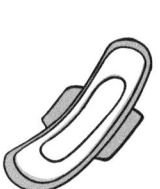

sodo

penso higiénico

kemikali choo

WC químico

chumba ya mtoto
quarto de criança

saa ya kengele
despertador
kidoli cha kupakata
peluche
gari bandia
carro de brincar
kelele
chocalho
chumba cha midoli
casa de bonecas
sasa
presente

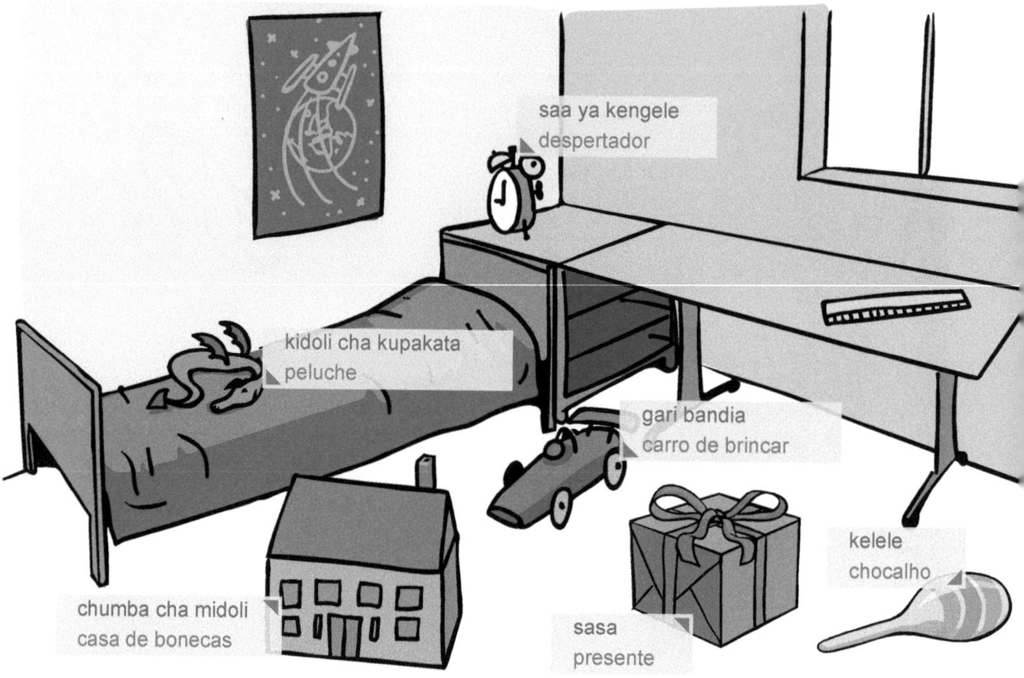

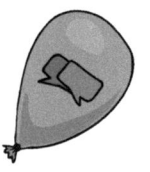

baluni

balão

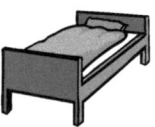

kitanda

cama

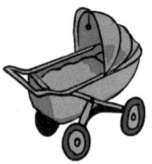

mashua

carrinho de bebé

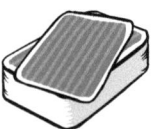

staha ya kadi

jogo de cartas

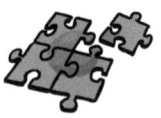

mchezo-fumb

quebra-cabeças

SUPER MEGA

vichekesho

banda desenhada

matofali lego

peças de Lego

vitalu mwigo

blocos de construção

hatua takwimu

figura de ação

suti ya kulalia

fato de bebé

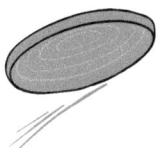

kisahani

Frisbee

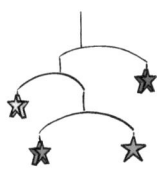

simu

móbile para bebé

ubao wa michezo

jogo de tabuleiro

kete

dados

garimoshi mwigo

pista de comboio elétrico

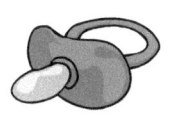

dummy

chupeta

chama

festa

picha kitabu

livro ilustrado

mpira

bola

kikaragosi

boneca

kucheza

jogar

shimo la mchanga

caixa de areia

bembea

baloiço

vitu bandia

brinquedos

kiweko cha video ya mchezo

consola de jogos

baiskeli ya magurudumu

triciclo

matatu

mwanasesere

ursinho de peluche

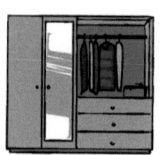

kabati

guarda-roupa

nguo

vestuário

soksi

meias

stokingi

meias pelo joelho

kibano

meias-calças

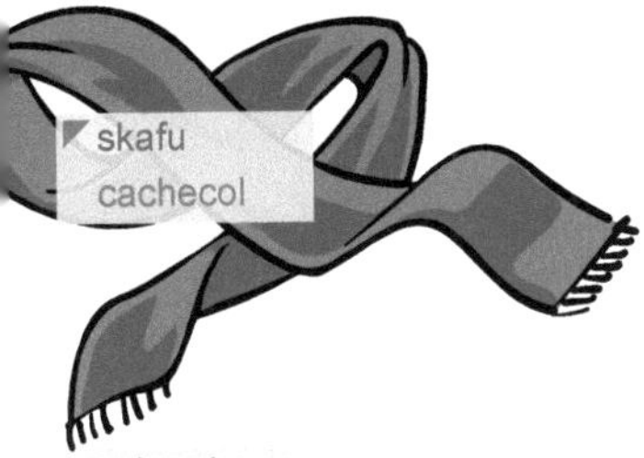

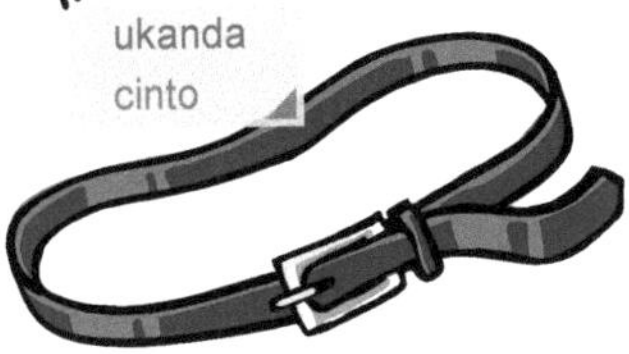

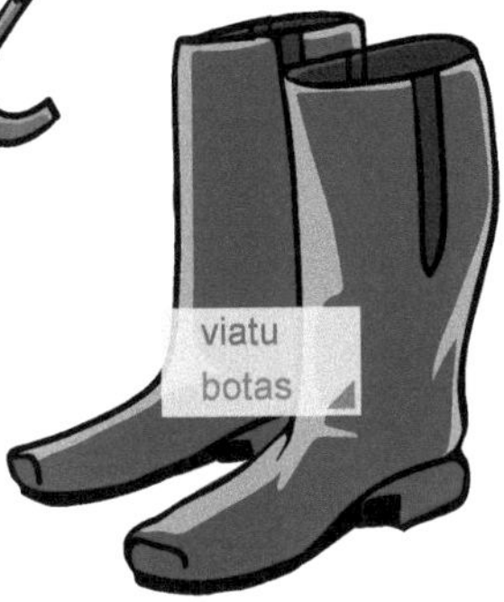

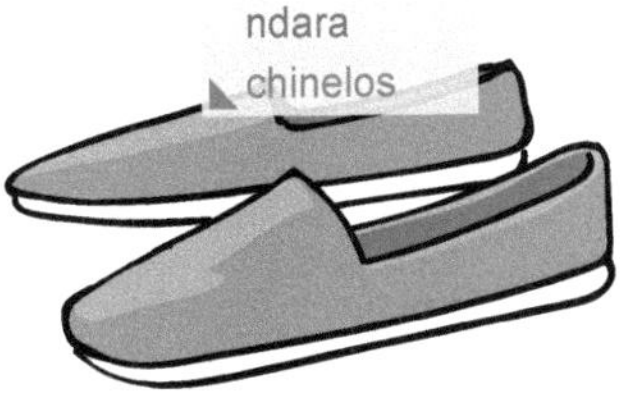

skafu
cachecol

mwavuli
guarda-chuva

ukanda
cinto

fulana
t-shirt

viatu
botas

ndara
chinelos

wakufunzi
sapatilhas

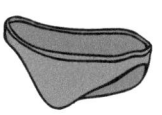

malapa
sandálias

viatu
sapatos

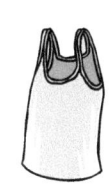

mabuti ya mpira
botas de borracha

suruali ya ndani
cuecas

sidiria
sutiã

fulana
camisola interior

mwili
body

suruali
calças

dangirizi
calças de ganga

sketi
saia

blauzi
blusa

shati
camisa

vuta
pulôver

sweta
camisola com capuz

bleza
blazer

jaketi
casaco

koti
manto

koti la mvua
gabardina

maleba
traje

gauni
vestido

mavazi ya harusi
vestido de casamento

suti

fato

vazi la usiku

camisa de dormir

pajama

pijama

sari

sari

skafu

lenço de cabeça

kilemba

turbante

burka

burca

kaftan

cafetã

abaya

abaya

vazi la kuogelea

fato de banho

vazi la kiume la kuogelea

calções de banho

kaptura

calções

teitei

fato de treino

aproni

avental

glavu

luvas

kifungo

botão

glasi

óculos

bangili

pulseira

mkufu

colar

pete

anel

herini

brinco

kofia

boné

kiango cha koti

cabide

kofia

chapéu

tai

gravata

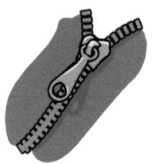

zipu

fecho de correr

kofia

capacete

kanda za suruali

suspensórios

sare za shule

uniforme escolar

sare

uniforme

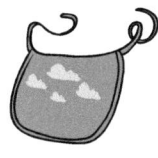

bibu

babete

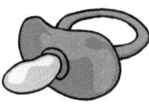

dummy

chupeta

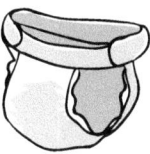

nepi

fralda

ofisi

escritório

seva
servidor
kabati la kuweka faili
armário de arquivo
kichapishaji
impressora
karatasi
papel
kiwambo
ecrã
kipanya
rato
dawati
secretária
folda
pasta
kibodi
teclado
cha kuweka karatasi chafu
de lixo
kompyuta
computador
kiti
cadeira

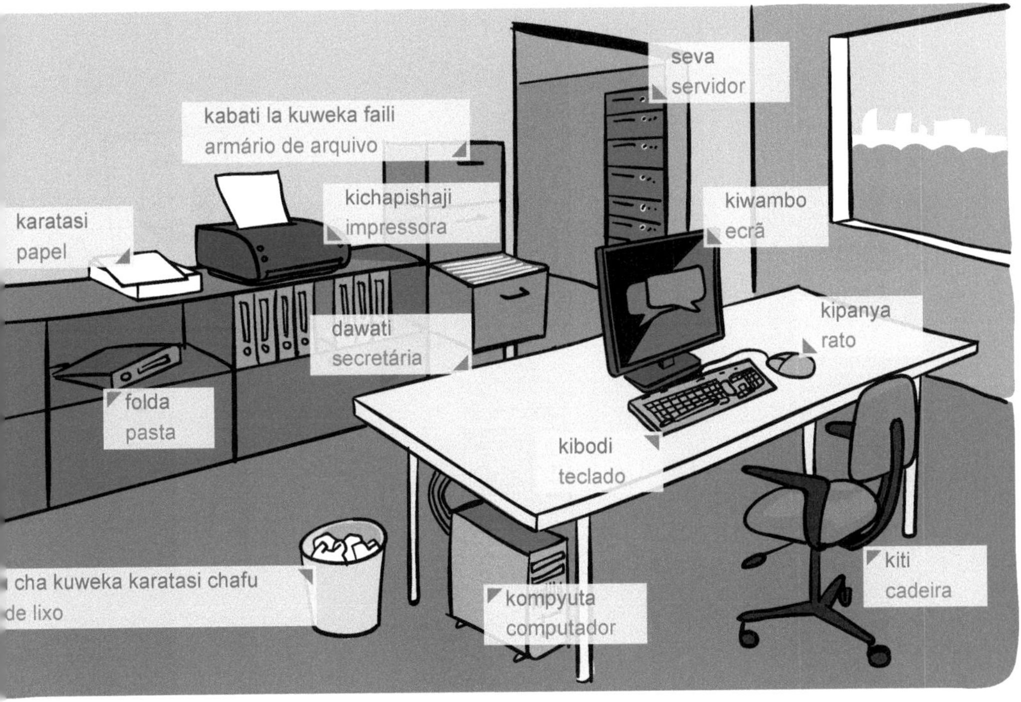

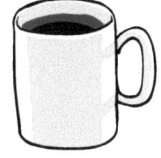

kmobe la kahawa

caneca de café

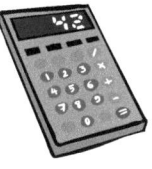

kikokotoo

calculadora

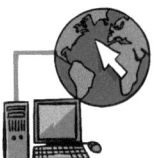

biashara

internet

mbali

computador portátil

barua

carta

ujumbe

mensagem

rununu

telemóvel

intaneti

rede

fotokopia

fotocopiadora

programu

software

simu

telefone

soketi

tomada elétrica

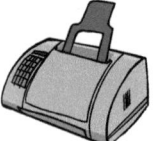

kipepesi

fax

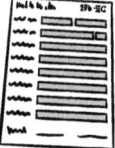

fomu

formulário

hati

documento

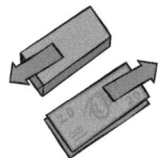

kununua

comprar

kulipa

pagar

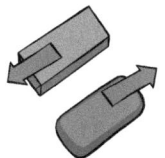

biashara

negociar

fedha

dinheiro

dola

dólar

yuro

euro

yeni

yen

rouble

rublo

faranga ya Uswisi

franco suíço

renminbi yuan

renminbi yuan

rupia

rupia

eneo la kulipia

caixa de multibanco

ofisi ya ubadilishanaji

casa de câmbio

dhahabu

ouro

fedha

prata

mafuta

petróleo

nishati

energia

bei

preço

mkataba

contrato

kodi

imposto

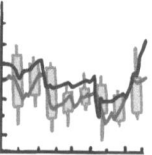

bidhaa

ação

kazi

trabalhar

mfanyakazi

empregado

mwajiri

entidade patronal

kiwanda

fábrica

duka

loja

kazi
profissões

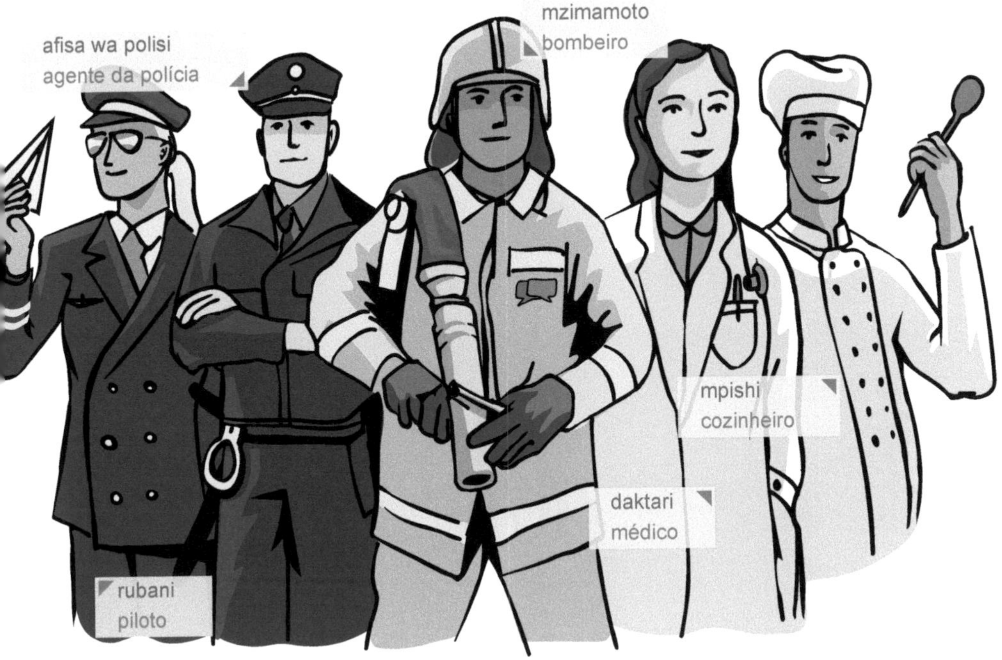
mzimamoto
bombeiro
afisa wa polisi
agente da polícia
mpishi
cozinheiro
daktari
médico
rubani
piloto

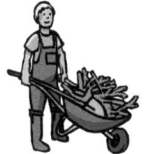

mtunza bustani

jardineiro

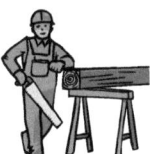

seremala

carpinteiro

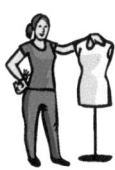

mshonaji

costureira

hakimu

juiz

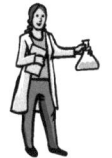

mwanakemia

químico

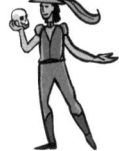

muigizaji

ator

dereva wa basi

motorista de autocarro

dereva wa teksi

motorista de táxi

mvuvi

pescador

mwanamke wa kusafisha

empregada de limpeza

mwezekaji

telhador

mhudumu

empregado de mesa

mwindaji

caçador

mchoraji

pintor

mwokaji

padeiro

umeme

eletricista

mjenzi

construtor

mhandisi

engenheiro

mchinjaji

talhante

fundi bomba

canalizador

mwanaposta

carteiro

mwanajeshi
soldado

msanifu majengo
arquiteto

keshia
caixa

muuza maua
florista

msusi
cabeleireiro

kondakta
controlador de bilhetes

mekanika
mecânico

nahodha
capitão

daktari wa meno
dentista

mwanasayansi
cientista

rabbi
rabino

imamu
imã

mtawa
monge

kasisi
pastor

zana
ferramentas

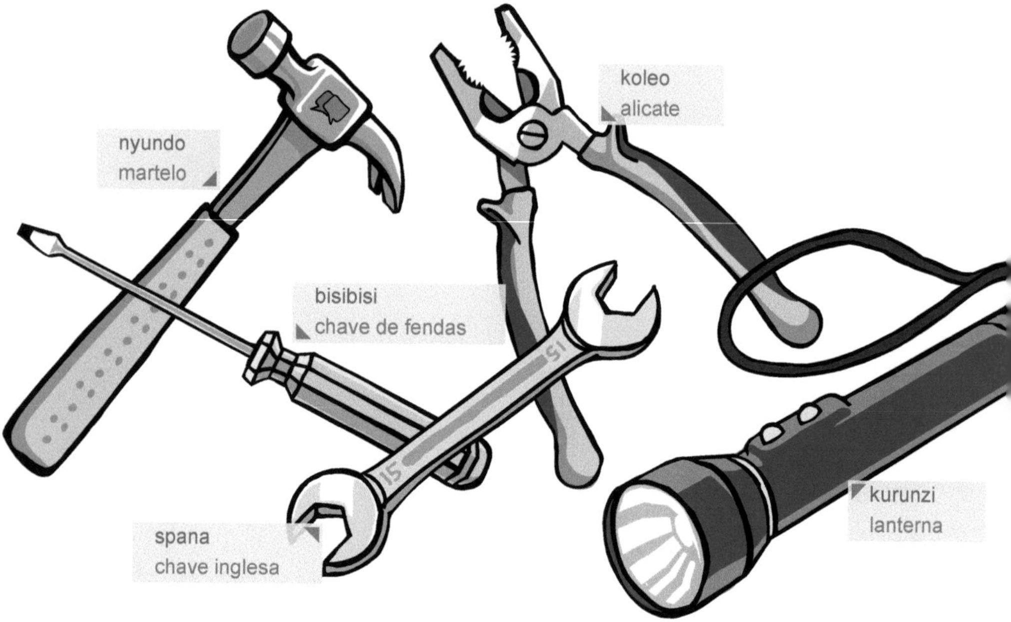
nyundo
martelo
koleo
alicate
bisibisi
chave de fendas
spana
chave inglesa
kurunzi
lanterna

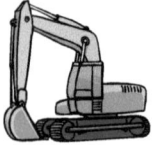

mchimbaji

escavadora

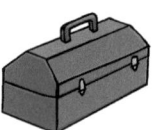

sanduku la vifaa

caixa de ferramentas

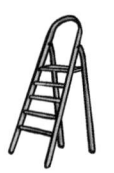

ngazi

escadote

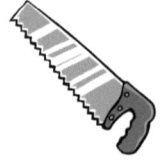

msumeno

serra

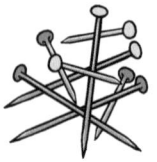

misumari

pregos

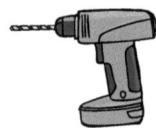

kuchimba visima

broca

kukarabati
reparar

sepetu
pá

Lo!
porcaria!

kishikio cha uchafu
pá de lixo

chungu cha rangi
pote de tinta

skurubu
parafusos

ala za muziki
instrumentos musicais

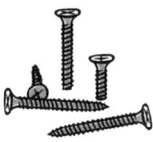

spika
altifalante

mpangilio wa ngoma
bateria

gita
guitarra

besi mara mbili
contrabaixo

tarumbeta
trompete

piano
piano

fidla
violino

ubeji
baixo

timpani
timbales

ngoma
tambor

kibodi
teclado

saksafoni
saxofone

filimbi
flauta

maikrofoni
microfone

bustani ya wanyama
jardim zoológico

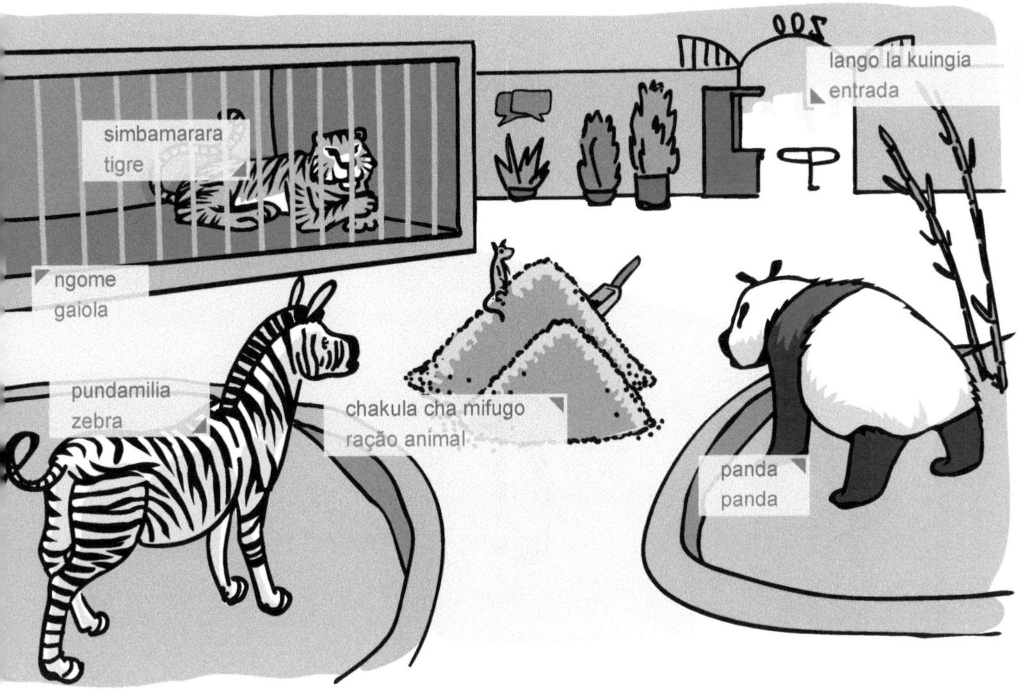

lango la kuingia
entrada
simbamarara
tigre
ngome
gaiola
pundamilia
zebra
chakula cha mifugo
ração animal
panda
panda

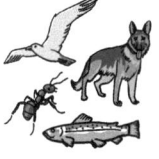

wanyama
animais

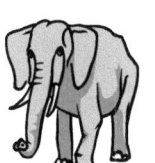

tembo
elefante

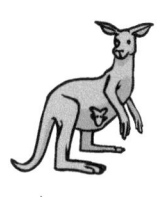

kangaruu
canguru

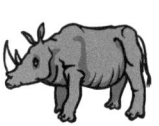

kifaru
rinoceronte

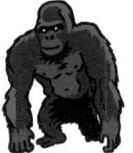

sokwe
gorila

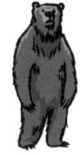

dubu
urso

ngamia

camelo

mbuni

avestruz

simba

leão

tumbili

macaco

heroe

flamingo

kasuku

papagaio

dubu

urso polar

penguini

pinguim

papa

tubarão

tausi

pavão

nyoka

cobra

mamba

crocodilo

mtunza wanyama

guarda do jardim zoológico

muhuri

foca

jaguar

jaguar

mwanafarasi

pónei

chui

leopardo

kiboko

hipopótamo

twiga

girafa

tai

águia

nguruwe mwitu

javali

samaki

peixe

kobe

tartaruga

sili

morsa

mbweha

raposa

paa

gazela

soka ya marekani
futebol americano

uendeshaji baiskeli
ciclismo

tenisi
ténis

mpira wa kikapu
basquetebol

kuogelea
natação

ndondi
boxe

magongo ya barafuni
hóquei no gelo

soka

futebol

vinyoya

badminton

riadha

atletismo

mpira wa mikono

andebol

skii

esqui

polo

polo

shughuli
atividades

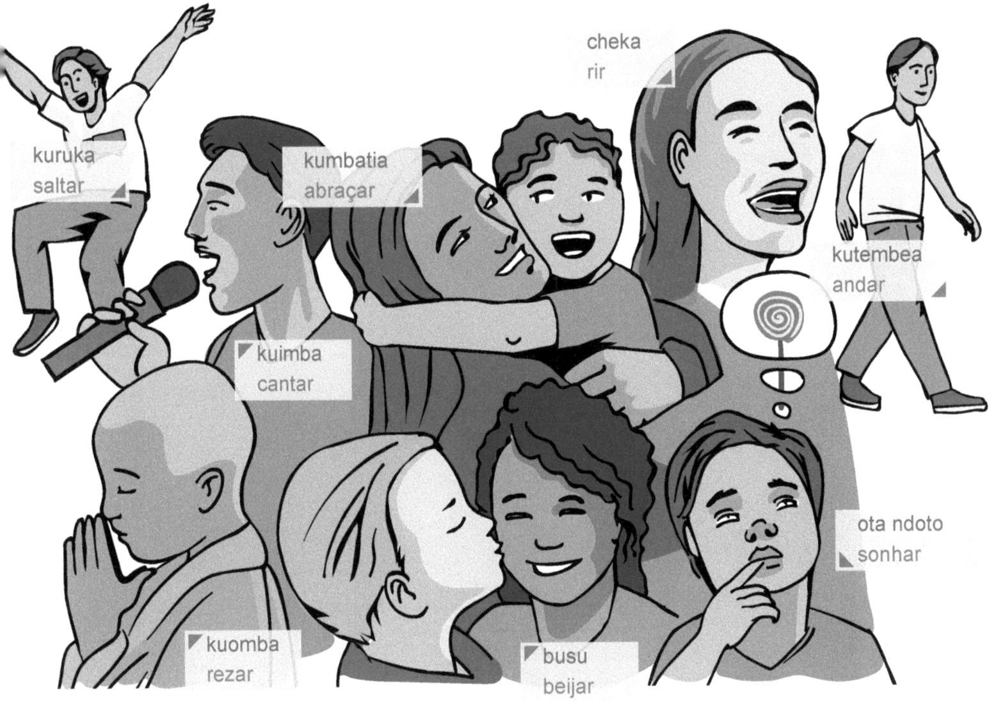

cheka
rir
kuruka
saltar
kumbatia
abraçar
kutembea
andar
kuimba
cantar
ota ndoto
sonhar
kuomba
rezar
busu
beijar

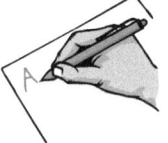

kuandika
escrever

kuteka
desenhar

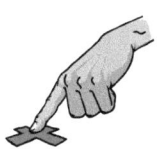

angalia
mostrar

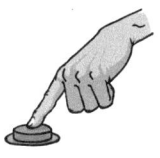

sukuma
empurrar

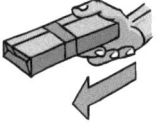

kutoa
dar

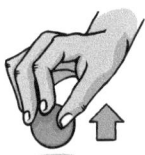

kuchukua
tomar

kuwa

ter

fanya

fazer

kuwa

ser

kusimama

ficar de pé

kukimbia

correr

vuta

puxar

kutupa

remessar

kuanguka

cair

hadaa

deitar

kusubiri

esperar

kubeba

carregar

kukaa

sentar

vaa nguo

vestir

usingizi

dormir

kuamka

acordar

kuangalia

olhar para

lia

chorar

kiharusi

acariciar

chana nywele

pentear

ongea

falar

kuelewa

compreender

kuuliza

perguntar

kusikiliza

ouvir

kunywa

beber

kula

comer

nadhifisha

arrumar

upendo

amar

mpishi

cozinhar

gari

conduzir

kuruka

voar

shughuli - atividades

meli

velejar

kokotoa

calcular

kusoma

ler

kujifunza

aprender

kazi

trabalhar

kuoa

casar

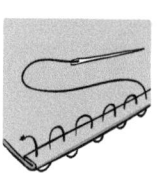

kushona

costurar

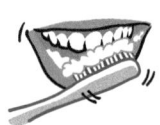

piga mswaki

escovar os dentes

kuua

matar

moshi

fumar

kutuma

enviar

familia
família

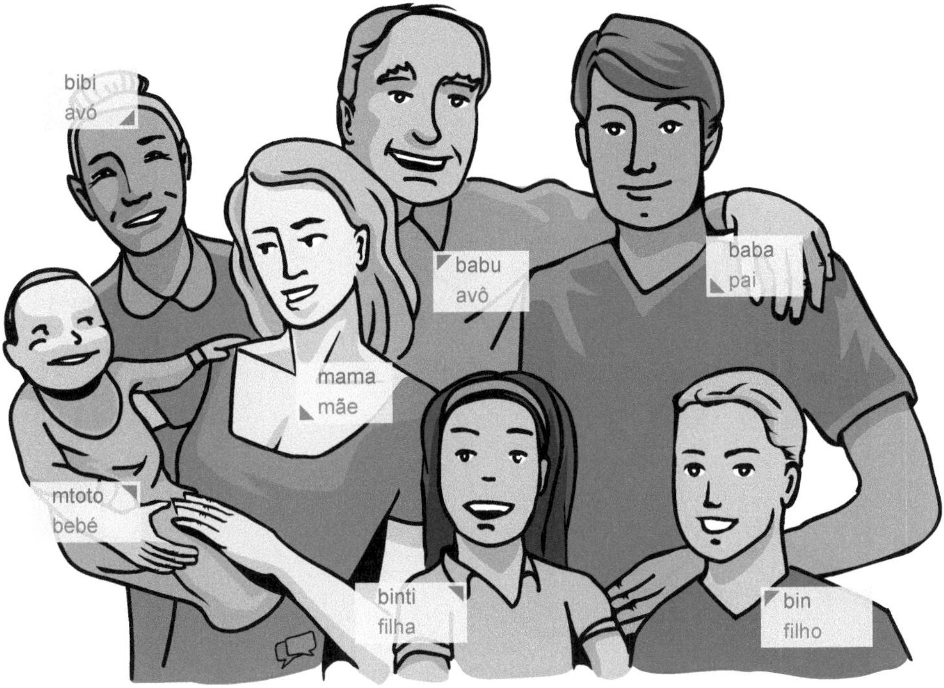

bibi
avó
babu
avô
baba
pai
mama
mãe
mtoto
bebé
binti
filha
bin
filho

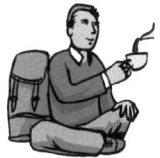

mgeni

convidado

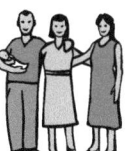

shangazi

tia

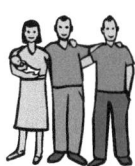

mjomba

tio

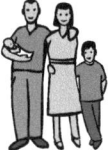

kaka

irmão

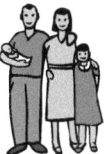

dada

irmã

mwili

corpo

paji la uso
testa
jicho
olho
bega
ombro
kidole
dedo
uso
cara
kidevu
queixo
mkono
mão
matiti
peito
mguu
perna
mkono
braço

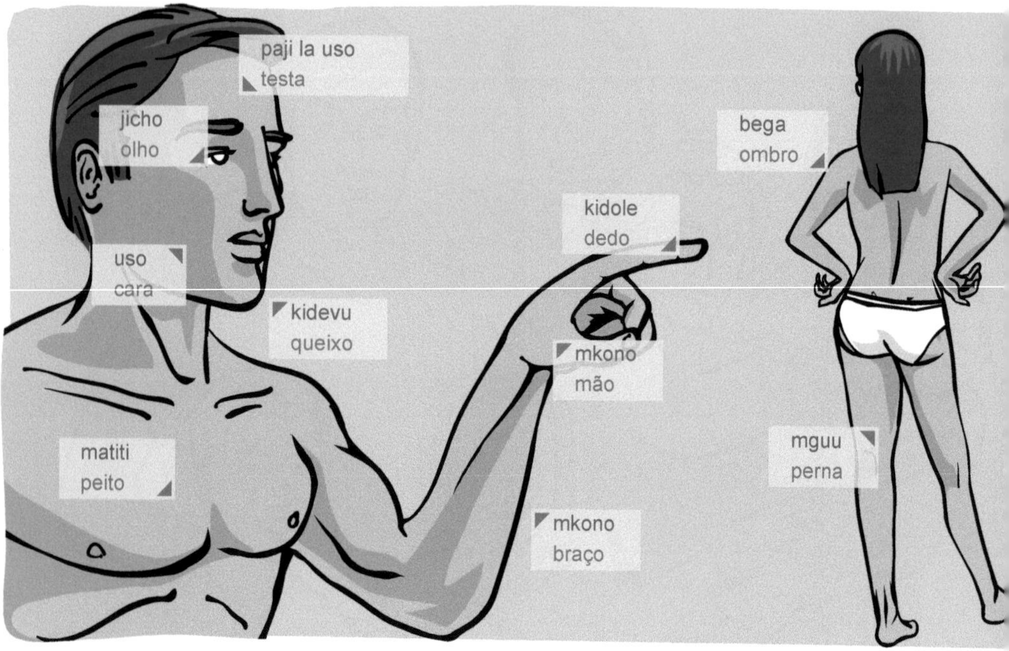

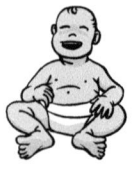

mtoto

bebé

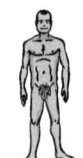

mwanamume

homem

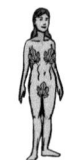

mwanamke

mulher

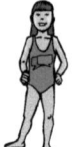

msichana

menina

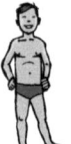

mvulana

menino

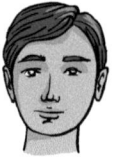

kichwa

cabeça

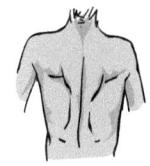

nyuma

costas

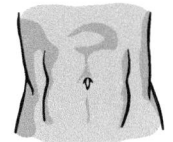

tumbo

barriga

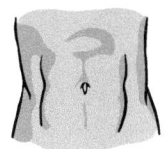

kitovu

umbigo

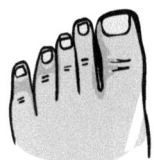

chano

dedo do pé

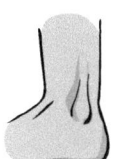

kisigino

calcanhar

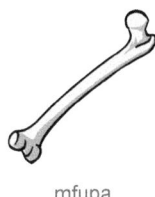

mfupa

osso

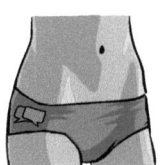

nyonga

anca

goti

joelho

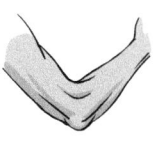

kiwiko

cotovelo

pua

nariz

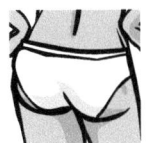

chini

nádegas

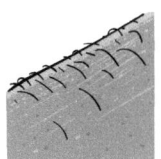

ngozi

pele

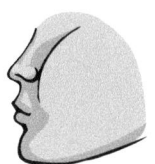

shavu

bochecha

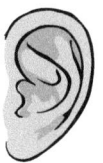

sikio

orelha

mdomo

lábio

kinywa

boca

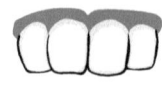

jino

dente

ulimi

língua

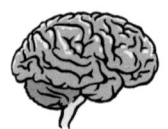

ubongo

cérebro

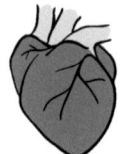

moyo

coração

misuli

músculo

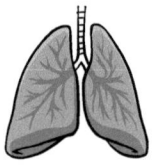

pafu

pulmão

ini

fígado

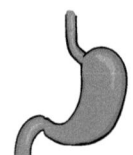

tumbo

estômago

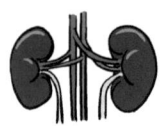

figo

rins

jinsia

relações sexuais

kondomu

preservativo

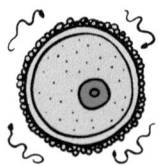

ovari

óvulo

shahawa

esperma

mimba

gravidez

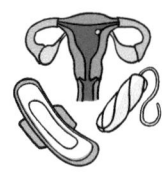

hedhi

menstruação

uke

vagina

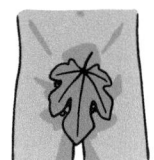

uume

pénis

unyusi

sobrancelha

nywele

cabelo

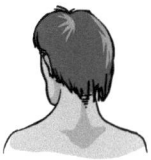

shingo

pescoço

hospitali
hospital

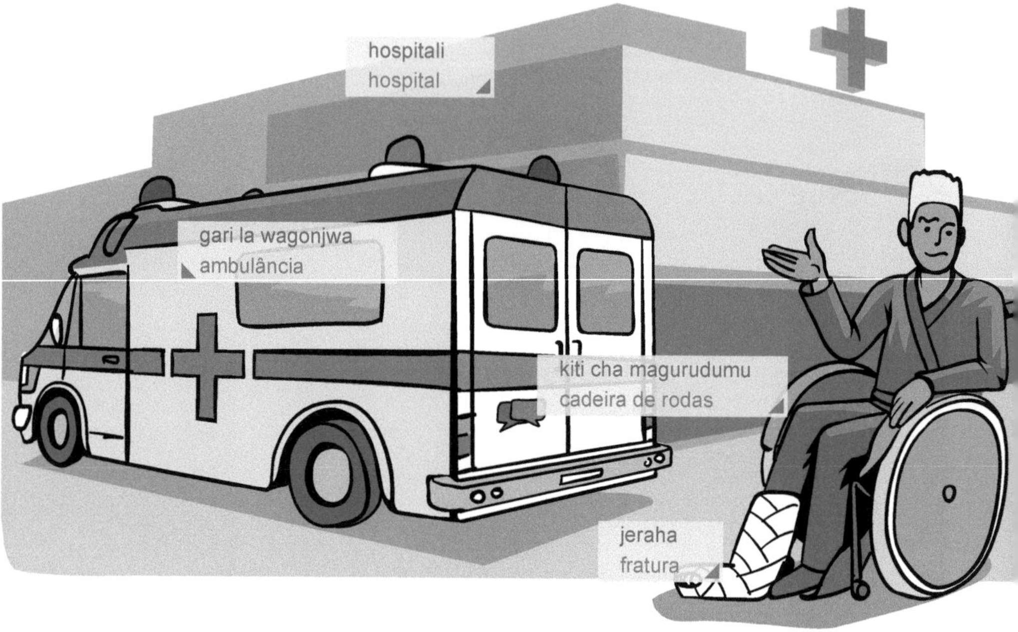

hospitali
hospital
gari la wagonjwa
ambulância
kiti cha magurudumu
cadeira de rodas
jeraha
fratura

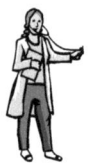

daktari

médico

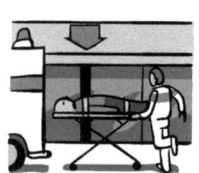

chumba cha dharura

serviço de urgências

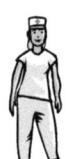

muuguzi

enfermeira

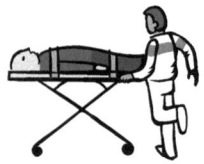

dharura

emergência

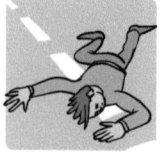

kupoteza fahamu

inconsciente

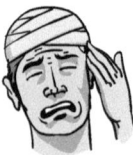

maumivu

dor

kuumia

ferimento

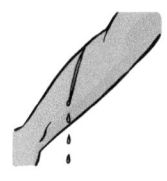

kutokwa na damu

hemorragia

mshtuko wa moyo

ataque cardíaco

kiharusi

cidente vascular cerebral

mzio

alergia

kikohozi

tosse

homa

febre

mafua

gripe

kuharisha

diarreia

maumivu ya kichwa

dor de cabeça

kansa

cancro

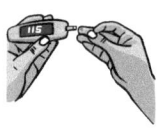

ugonjwa wa kisukari

diabetes

daktari mpasuaji

cirurgião

kisu kidogo cha kupasulia

bisturi

operesheni

operação

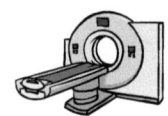

picha changanufu ya mwili

CT

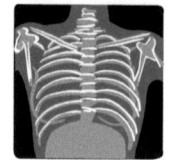

Eksrei

raio x

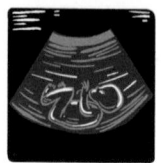

mawimbi sauti

ultrassom

barakoa ya uso

máscara

ugonjwa

doença

chumba cha kusubiri

sala de espera

mkongojo

muleta

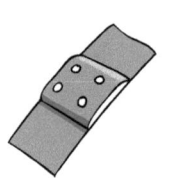

plasta

penso rápido

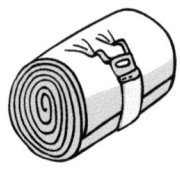

bendeji

ligadura

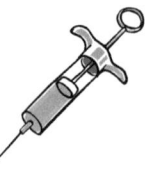

sindano

injeção

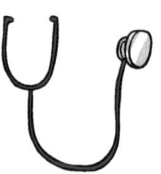

stetoskopu

estetoscópio

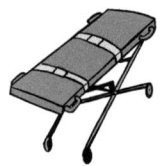

machela

maca

kipimajoto cha kliniki

termómetro

kuzaliwa

nascimento

unene kupita kiasi

excesso de peso

kusikia misaada

aparelho auditivo

kipukusi

desinfetante

maambukizi

infeção

virusi

vírus

VVU / UKIMWI

HIV / SIDA

dawa

medicamento

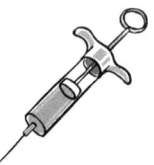

chanjo

vacinação

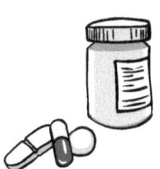

vidonge

comprimidos

kidonge

pílula

simu ya dharura

chamada de emergência

haemodainamometa

dispositivo de medição de
pressão arterial

mgonjwa / mwenye afya

doente / saudável

Msaada!

Socorro!

kengele

alarme

pigo

assalto

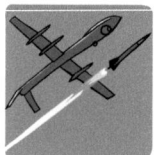

shambulizi

ataque

hatari

perigo

lango la dharura

saída de emergência

Moto!

Fogo!

kizima moto

extintor de incêndios

ajali

acidente

vifaa vya huduma ya
kwanza

estojo de primeiros socorros

wito wa msaada

SOS

polisi

polícia

Ulaya

Europa

Amerika ya Kaskazini

América do Norte

Amerika ya Kusini

América do Sul

Afrika

África

Asia

Ásia

Australia

Austrália

Atlantiki

Atlântico

Pasifiki

Pacífico

Bahari ya Hindi

Oceano Índico

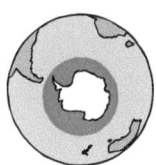

Bahari ya Antaktiki

Oceano Antártico

Bahari ya Aktiki

Oceano Ártico

Ncha ya Kaskazini

Polo Norte

Ncha ya Kusini
Polo Sul

Antaktika
Antártica

dunia
terra

nchi
país

bahari
mar

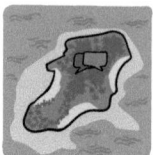

kisiwa
ilha

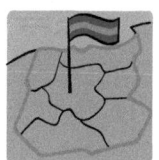

taifa
nação

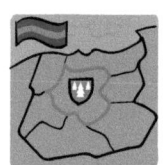

jimbo
estado

uso wa saa

mostrador do relógio

akrabu ya saa

ponteiro das horas

akrabu ya dakika

ponteiro dos minutos

akrabu ya sekunde

ponteiro dos segundos

Ni saa ngapi?

Que horas são?

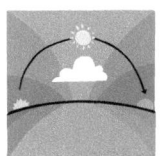

siku

dia

wakati

tempo

sasa

agora

saa ya dijitali

relógio digital

dakika

minuto

saa

hora

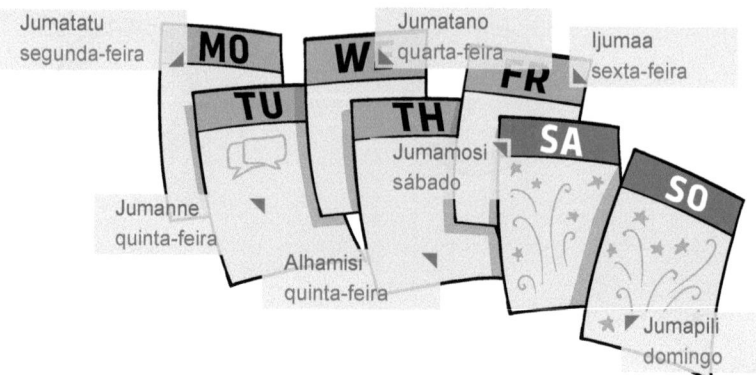

Jumatatu
segunda-feira

MO

W Jumatano
quarta-feira

Ijumaa
sexta-feira

TU

TH

FR

Jumamosi
sábado

SA

Jumanne
quinta-feira

SO

Alhamisi
quinta-feira

Jumapili
domingo

jana

ontem

leo

hoje

kesho

amanhã

asubuhi

manhã

saa sita mchana

meio-dia

jioni

entardecer

MO	TU	WE	TH	FR	SA	SU
1	2	3	4	5	6	7
8	9	10	11	12	13	14
15	16	17	18	19	20	21
22	23	24	25	26	27	28
29	30	31	1	2	3	4

siku za biashara

dias úteis

MO	TU	WE	TH	FR	SA	SU
1	2	3	4	5	6	7
8	9	10	11	12	13	14
15	16	17	18	19	20	21
22	23	24	25	26	27	28
29	30	31	1	2	3	4

mwishoni mwa wiki

fim de semana

mvua
chuva

upinde wa mvua
arco-íris

theluji
neve

upepo
vento

majira ya machipuko
primavera

vuli
outono

kiangazi
verão

majira ya baridi
inverno

4.APRIL	11°	☀
5.APRIL	4°	
6.APRIL	13°	
7.APRIL	8°	☀
8.APRIL	10°	☀

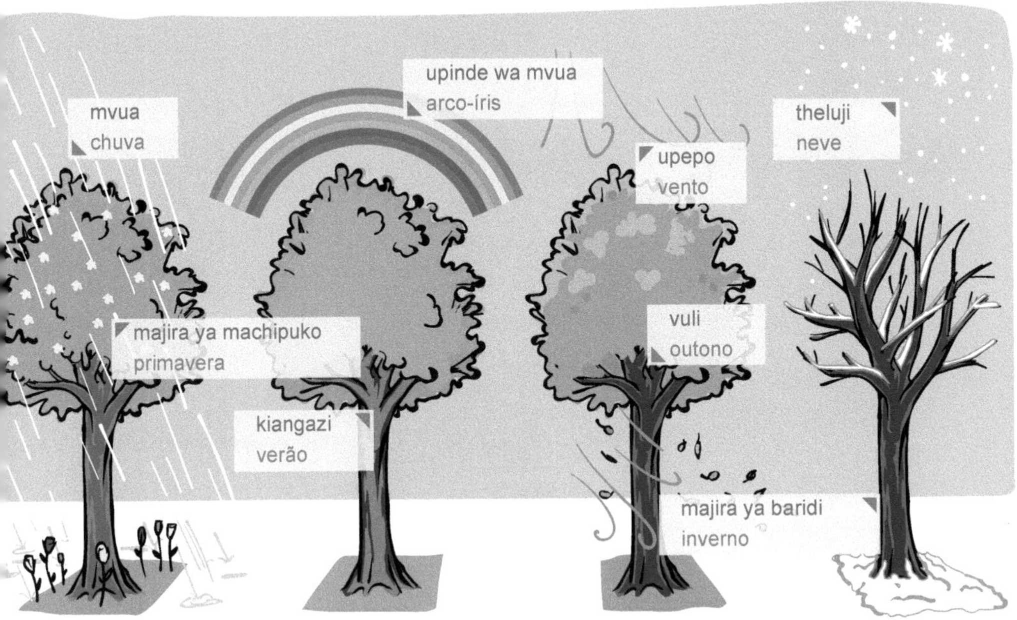

utabiri wa hali ya hewa

previsão do tempo

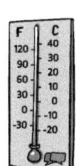

kipimajoto

termómetro

mwanga wa jua

raios de sol

wingu

nuvem

ukungu

neblina / nevoeiro

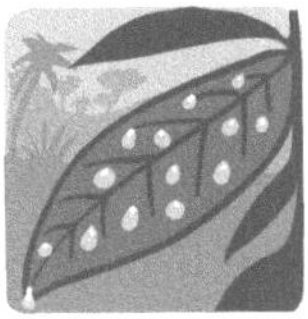

unyevu

humidade do ar

umeme
relâmpago

radi
trovão

dhoruba
tempestade

mvua ya mawe
granizo

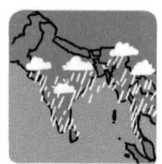

monsuni
monção

mafuriko
inundação

barafu
gelo

Januari
janeiro

Februari
fevereiro

Machi
março

Aprili
abril

Mei
maio

Juni
junho

Julai
julho

Agosti
agosto

Septemba

setembro

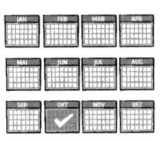

Oktoba

outubro

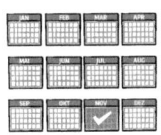

Novemba

novembro

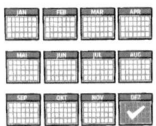

Desemba

dezembro

maumbo
formas

mduara

círculo

mraba

quadrado

mstatili

retângulo

pembetatu

triângulo

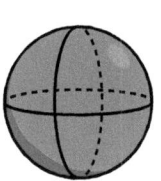

nyanja

esfera

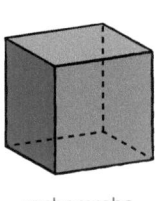

mchemraba

cubo

nyeupe

branco

manjano

amarelo

chungwa

laranja

rangi ya waridi

rosa

nyekundu

vermelho

hudhurungi

lilás

bluu

azul

kijani

verde

hanja

castanho

jivujivu

cinzento

nyeusi

preto

mengi / kidogo

muito / pouco

hasira / pole

furioso / calmo

nzuri / mbaya

lindo / feio

mwanzo / mwisho

princípio / fim

kubwa / ndogo

grande / pequeno

angavu / giza

claro / escuro

kaka / dada

irmão / irmã

safi / chafu

limpo / sujo

kamilika / tokamilika

completo / incompleto

siku / usiku

dia / noite

wafu / hai

morto / vivo

pana / nyembamba

largo / estreito

kulika / kutolika

comestível / não comestível

ovu / ema

mau / gentil

sisimkwa / udhika

entusiasmado / entediado

nene / nyembamba

gordo / magro

kwanza / mwisho

primeiro / último

rafiki / adui

amigo / inimigo

jaa / tupu

cheio / vazio

ngumu / laini

duro / macio

nzito / nyepesi

pesado / leve

njaa / kiu

fome / sede

mgonjwa / mwenye afya

doente / saudável

haramu / kisheria

ilegal / legal

akili / kijinga

inteligente / burro

kushoto / kulia

esquerda / direita

karibu / mbali

perto / longe

mpya / kutumika

novo / usado

kitu / jambo

nada / algo

zee / changa

velho / jovem

waka / zima

ligado / desligado

wazi / fungwa

aberto / fechado

utulivu / kelele

baixo / alto

tajiri / masikini

rico / pobre

sahihi / kosa

certo / errado

mbaya / laini

áspero / liso

huzunika / furahia

triste / feliz

fupi /ndefu

curto / longo

polepole / haraka

lento / rápido

nyevu / kavu

molhado / seco

joto / baridi

ameno / fresco

vita / amani

guerra / paz

nambari

números

0

sufuri
....
zero

1

moja
....
um

2

mbili
....
dois

3

tatu
....
três

4

nne
....
quatro

5

tano
....
cinco

6

sita
....
seis

7

saba
....
sete

8

nane
....
oito

9

tisa
....
nove

10

kumi
....
dez

11

kumi na moja
....
onze

12
kumi na mbili

doze

13
kumi na tatu

treze

14
kumi na nne

catorze

15
kumi na tano

quinze

16
kumi na sita

dezasseis

17
kumi na saba

dezassete

18
kumi na nane

dezoito

19
kumi na tisa

dezanove

20
ishirini

vinte

100
mia

cem

1.000
elfu

mil

1.000.000
milioni

milhão

Kiingereza

inglês

Kiingereza cha Marekani

inglês americano

Kimandarini cha Uchina

chinês mandarim

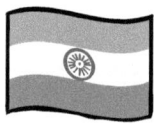

Kihindi

hindi

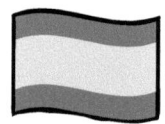

Kihispania

espanhol

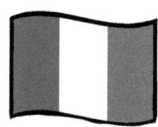

Kifaransa

francês

Kiarabu

árabe

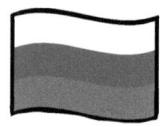

Kirusi

russo

Kireno

português

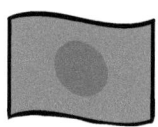

Kibengali

bengalês

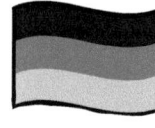

Kijerumani

alemão

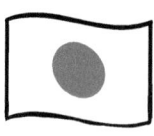

Kijapani

japonês

mimi

eu

wewe

tu

yeye / yeye / ni

ele / ela

sisi

nós

wewe

vós

wao

eles / elas

nani?

quem?

nini?

o quê?

jinsi gani?

como?

wapi?

onde?

lini?

quando?

jina

nome

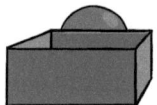

nyuma

atrás

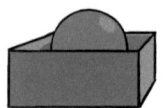

katika

em

mbele ya

à frente de

juu ya

sobre

kwenye

em cima

chini ya

debaixo

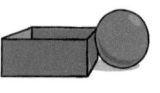

kando

ao lado

kati

entre

mahali

lugar